José Paulo Netto

O QUE É
MARXISMO

CB013728

editora brasiliense

9ª edição, 1994
2ª reimpressão, 2009

Diretora e editorial: *Maria Teresa B de Lima*
Editor: *Max Welcman*
Revisão: *José W. S. de Moraes e Ornilo A. Costa Jr.*
Capa e ilustrações: *Gilberto Miadara*

**Dados Internacionais de Catalogação na Publicação
(CIP) (Câmara Brasileira do Livro, SP, Brasil)**

Netto, José Paulo
        O que é Marxismo / José Paulo Netto. – Sao Paulo:
Brasiliense, 2006 – (Coleção Primeiros Passos: 148)

        1ª reimpr. da 9ª ed. de 1994.

        ISBN 978-85-11-01148-7

1. Comunismo 2. Marx, Karl, 1818-1883 3. Socialismo
I. Título. II. Série.

04-3302   CDD-320.5322

Índices para catálogo sistemático:
1. Marxismo: Ciência Política   320.5322

editora brasiliense
Rua Antonio de Barros, 1839 – Tatuapé
CEP 03401-001 – São Paulo – SP
www.editorabrasiliense.com.br

ÍNDICE

Ao *Paulo*, meu velho.

RISCOS E RAZÃO
DESTE LIVRINHO

A centena de páginas que o leitor tem em mãos pode ser, para ele, um auxílio e um estímulo — e para isto foram escritas. Auxílio: um "primeiro passo" na direção do conhecimento de um projeto teórico complexo, produto da intervenção intelectual e política de gerações de homens que se dispuseram a elaborar a história e procuraram, com maior ou menor sucesso, respostas para os problemas mais angustiantes da sociedade moderna. E ainda estímulo: o esboço, ainda que muito incompleto, de uma fascinante construção cultural, de uma aventura que conjuga o pensar e o fazer numa aposta radical, já que a herança de Marx exige a reflexão crítica e a ação revolucionária.

Mas este livrinho comporta vários riscos. Riscos da parte do autor: como resumir em tão curto espaço, sem deformar, um conjunto de tantas idéias e tamanhas polêmicas? Mais: supondo que este resumo seja viável, como não viciá-lo a partir da sua própria posição em face do tema? E também riscos do lado do leitor: a tendência a buscar verdades e fórmulas conclusivas, guias e modelos, o desejo de encontrar soluções mais ou menos fáceis para indagações que freqüentam as nossas preocupações, imediatas ou não.

De fato, esses riscos são inevitáveis. E não vejo como eliminá-los. Creio apenas que podemos, autor e leitor, colocar as cartas na mesa para estabelecer as nossas regras. Nisto, levo a vantagem da jogada inicial — portanto, que o leitor se precavenha. E sua cautela deve começar logo, a partir desta linha: duvide, ponha em questão, discuta com outras pessoas, leia mais (as sugestões bibliográficas que ofereço ao final são somente um leque de outros "primeiros passos"), numa palavra, questione todas as minhas afirmações.

Rapidamente, apresento meus trunfos: 1. penso que a obra original de Marx (a obra *marxiana*) é uma teoria da sociedade burguesa e da sua ultrapassagem pela revolução proletária; 2. considero esta obra *necessária*, mas não *suficiente*, para explicar/compreender e revolucionar o mundo contemporâneo; 3. julgo que todas as idéias de Marx (bem como de seus seguidores) devem ser testadas e verificadas sempre, jamais constituindo verdades imutáveis e evidentes por si mesmas; 4. enfim, sustento que não existe algo como "o marxismo";

defendo a tese de que há *marxismos*, vertentes diferenciadas e alternativas de uma já larga tradição teórico-política. A hipótese de *um* marxismo único, puro e imaculado remete mais à mitologia política e ideológica do que à crítica racional.

Imagino que o texto que preparei contém motivos de sobra para desagradar aos especialistas de todos os matizes: aos *marxólogos*, que dissecam Marx como peça do passado; aos *marxizantes*, que tiram da obra de Marx o que lhes convém; e aos *marxistas acadêmicos* de qualquer tipo (os dogmáticos e os dissidentes, todos ganhando a vida exatamente graças à suposição da existência desse algo chamado "o marxismo"). Além de todos os problemas que eventualmente eles levantarão, sempre com algum fundamento, provavelmente vão começar por perguntar como é possível tratar do tema a partir do mote "o que é?"

Reconheço a legitimidade desta reserva preliminar, como se verá na conclusão destas páginas. No entanto, se eles (e principalmente o leitor) concederem que tentei menos responder a esta questão e mais facilitar os "primeiros passos" para reflexões sérias, então ficará óbvia a razão deste opúsculo.

OS PRESSUPOSTOS
DA TEORIA SOCIAL DE MARX

É na primeira metade do século 19, tendo por palco a Europa Ocidental, que aparecem os pré-requisitos gerais a partir dos quais se articulam as grandes matrizes culturais do mundo contemporâneo. Mais exatamente: entre a preparação ideológica da Revolução Francesa e as sublevações operárias de 1848, emergem os núcleos básicos daquilo que podemos chamar de razão moderna, com todas as suas diferenças e contradições.

Isso não ocorre casualmente. É nessas décadas que, consolidando um processo social em movimento desde o ocaso da Idade Média, a sociedade burguesa se instaura com seu perfil decisivamente delineado. Na confluência de profundas alterações na maneira de explorar os recursos naturais e produzir os bens (o que se convencionou denominar Revolução Industrial) com uma radical transforformação no controle dos sistemas de poder (a revolução burguesa, sob múltiplas formas) surge o mundo burguês.

Um mundo absolutamente novo: ele engendra uma cultura inédita e uma arte peculiar; confere ao conhecimento científico da natureza funções outrora desconhecidas, relacionando-o estreitamente à produção. Sobretudo, nele a economia e a sociedade são organizadas de modo particular, submetidas ambas a uma estratégia global (a da burguesia) e a uma lógica específica (a da valorização do capital). Configura-se assim um novo padrão de vida social, aquele centralizado na civilização urbano-industrial.

A gestação do mundo burguês foi um processo longo, doloroso, uma história de inaudita violência. Cobrindo um espaço temporal multissecular, caracterizou-se pela destruição brutal de antigos modos de vida, pela substituição de modelos anteriores de controle social, pela supressão a ferro e fogo das formas de organização societária precedentes. Seu triunfo, porém, assinalou um formidável avanço na existência humana. É no seu âmbito que se colocam possibilidades antes inimaginadas para a exploração da natureza e a elevação das condições da vida dos homens — e pouco importa que tais possibilidades, quando realizadas, tenham tido um preço social altíssimo, uma vez que neste mundo o custo do progresso é a generalização da miséria relativa. O que interessa é que o estabelecimento do mundo burguês abriu uma etapa de desenvolvimento sócio-humano que, previamente, sequer seria vislumbrada.

No período que estamos considerando, a primeira metade do século 19, o mundo burguês (então assentado nas bases do capitalismo concorrencial) se ergue com toda a sua força. E, ao plasmar um novo modo de vida, também cria os parâmetros para outras formas de pensamento — justamente as matrizes culturais a que aludimos. E elas surgem ligadas à questão-chave que, naquele momento, se põe no coração mesmo do mundo burguês: a questão da revolução proletária.

Com efeito, já a constituição do mundo burguês envolve, em plano histórico-universal, um decisivo confronto de classes. Nos primeiros cinqüenta anos do século 19, este enfrentamento vem à luz com clareza meridiana: as insurreições proletárias de 1848 e sua repressão pela burguesia (associada à nobreza que ela viera de derrocar) liquidaram as "ilusões heróicas" da Revolução Francesa e puseram a nu o caráter opressor da organização social dela derivada. O movimento dos trabalhadores urbanos, embrionário no final do século 18, avançando por diferentes e sucessivas etapas, transita do protesto negativo em face da exploração capitalista para um projeto político positivo de classe: a revolução socialista. A partir daí, é possível ao proletariado colocar-se como sujeito histórico-político autônomo.

É exatamente diante dessa questão crucial que se articula e define o pensamento sobre a sociedade próprio do mundo burguês. Entre a preparação ideológica da Revolução Francesa e 1848 — ou seja, do Iluminismo à onda contra-revolucionária que sucedeu à insurgência operária —, construí-ra-se um bloco cultural progressista, que procurava apanhar com objetividade a dinâmica da sociedade e da história. Trata-se de um pensamento que valoriza a racionalidade, sustenta que a realidade pode ser conhecida e que não há motivos para escamotear as contradições que nela surgem. Neste bloco cultural, expressão mais alta das expectativas dos setores burgueses mais esclarecidos, destacavam-se basicamente duas vertentes: a economia política inglesa e a filosofia clássica alemã.

Considerando-se os traumatismos causados pela implantação da ordem burguesa, compreende-se que esse veio cultural não fosse nem único nem homogêneo. Às suas diferenças internas somava-se a existência paralela de um pensamento restaurador e um protesto romântico. O pensamento restaurador, de claras conotações católicas e ranços místicos, lamentava a "anarquia" trazida pela revolução burguesa e a liquidação, pelo capitalismo, das "sagradas instituições" da feudalidade — e recusava firmemente as novas formas sociais embasadas na dessacralização do mundo e no intercâmbio mercantil. O protesto romântico, criticando a prosaica realidade burguesa, escapava dos dilemas sociais do presente mediante a idealização da Idade Média e, em face das misérias contemporâneas, refugiava-se num passado idílico.

A inflexão histórica de 1848, circunscrevendo o espaço sociopolítico da burguesia e explicitando a natureza de classe da sua dominação, selou a sorte do bloco cultural progressista: suas conquistas foram apropriadas pelos revolucionários e isso bastou para que os representantes da ordem rechaçassem a sua influência. A partir daí, os ideólogos burgueses, para responder ao movimento operário e combater a perspectiva da revolução, recorrem cada vez mais ao arsenal de idéias contidas nas propostas restauradoras e românticas.

Como se vê, a evolução do pensamento sobre a sociedade burguesa tem em 1848 um divisor de águas: desde então, ele se fratura em dois campos opostos — o que se vincula à revolução e o que contrasta com ela. Mesmo que este não seja um corte absoluto e que o desenvolvimento de ambos se conecte com insuspeitada freqüência, aqueles dois campos delimitam o terreno das grandes matrizes da razão moderna: a teoria social de Marx e o pensamento conservador, produto da conjunção dos veios restauradores e românticos.

O que se pretende enfatizar com essas observações é um fenômeno histórico de extrema significação: a intercorrência, no fim da primeira metade do século 19, de um específico movimento cultural com um específico componente sociopolítico — a intercorrência da cultura produzida pelos melhores intelectuais do Ocidente (dos iluministas a Smith, Ricardo, Goethe e Hegel) com as demandas socioeconômicas e políticas dos operários euro-ocidentais. Trata-se do decisivo encontro do universo da cultura com o universo do trabalho, a cultura como conhecimento e projeção da sociedade, os representantes do trabalho como agentes revolucionários.

É desnecessário realçar que esse fenômeno, muito complicado, resultou da concorrência de inúmeras variáveis. O que me interessa sublinhar, antes de tudo, é que nele estão dadas as condições sobre as quais Marx erigirá a sua obra. E, do que se disse, há três conseqüências que devem ser destacadas.

Em primeiro lugar, fica claro que a teoria de Marx se beneficiou diretamente da experiência cultural que a precedeu; neste sentido, Marx é continuador de uma grande tradição cultural. Em segundo lugar, subentende-se que Marx é um (embora o maior) dentre muitos teóricos que, no processo em curso àquela época, passando para as fileiras do movimento operário, procurou fundir o patrimônio cultural existente com a intervenção política do proletariado. Enfim, patenteia-se que a construção teórica de Marx é um componente das muitas formulações que, ao tempo, se estruturavam no seio do movimento operário — quer dizer: este movimento era (e é) mais abrangente que a sua expressão teórica marxiana (e marxista).

Na verdade, o que estou a fazer é sumariar os pressupostos da obra de Marx. Já sugeri dois deles: o cultural e o político. Há outro, mais substantivo, e que precisa ser referido: o pressuposto histórico-social que viabilizou o desenvolvimento da reflexão de Marx.

Uma compreensão teórica rigorosa da sociedade só é possível à medida que o ser social pode aparecer aos homens como algo específico, isto é, como uma realidade que, necessariamente ligada à natureza (ao ser natural, orgânico e inorgânico), tem estrutura, dinâmica e regularidades próprias. Enquanto o ser social é identificado como igual ao ser natural, ou visualizado como uma extensão dele, o pensamento que o analisa acaba trabalhando com analogias e transferindo para o plano da sociedade concepções que só são válidas para o plano da natureza.

Ora, é somente quando se instaura a sociedade burguesa que o ser social pode surgir à consciência humana como um ser que, condicionado pela natureza, é *diferente* dela. Como Marx assinalou, a sociedade burguesa (o capitalismo) "socializa" as relações sociais: estas podem ser apreendidas pelos homens não como resultantes de desígnios e vontades estranhos a eles, mas como produto de sua interação, de seus interesses, de seus conflitos e de seus objetivos. Na sociedade burguesa, o processo social — ao contrário das sociedades precedentes — tem características tais que os homens podem percebê-lo como fruto de suas ações e desempenhos. Em síntese: é na sociedade burguesa que os homens podem compreender-se como atores e autores da sua própria história.

Mas esta é apenas uma possibilidade. Como a sociedade burguesa se funda na exploração e na opressão da maioria pela minoria (e nisso ela não se distingue de sociedades anteriores), a sua dinâmica produz, para legitimá-la minimamente, mecanismos que *ocultam* estes seus atributos. Tais mecanismos — a alienação e a reificação, conectadas ao "fetichismo da mercadoria", que Marx estudou especialmente no primeiro capítulo d'*O Capital* — são necessários: a sociedade burguesa não pode existir sem eles, que acabam por criar uma aparência coisificada da realidade social. Esta aparência mistifica os fenômenos sociais: ela esconde que os fenômenos são *processos*, mostra-os sob a forma de *coisas*, alheias aos homens e às suas relações (por exemplo: o capital, que é uma relação social, aparece como dinheiro, equipamentos etc.).

A contradição é real: a sociedade burguesa, ao mesmo tempo que abre a possibilidade para tomar o ser social tal como ele é (processo que tem regularidades próprias), bloqueia esta apreensão. Quer dizer, simultaneamente à chance de uma teoria social verdadeira, que apanhe o caráter e a dinâmica da sociedade, coloca-se o conjunto de mecanismos que a obstaculizam.

Uma teoria social veraz, que desvende a estrutura real da sociedade burguesa, revelando os seus instrumentos de exploração, opressão e reprodução, logicamente só interessa àqueles que perseguem um objetivo que ultrapasse os quadros da ordem vigente. A esta e seus defensores, importam conhecimentos que lhes permitam gerenciar o estabelecido — promovendo os ajustamentos e as reforças necessárias em momentos de crise, prevenindo eventuais situações de colapso. Isso significa, entre outras coisas, que uma teoria social também é função de um ponto de vista de classe: muito dificilmente o ponto de vista da(s) classe(s) dominante(s) possibilita a um estudioso romper com as limitações que as contingências dos interesses de conservação da ordem social lhe impõem.

Retomemos o fio do nosso argumento. Em meados do século 19, estavam dados os pressupostos para a emergência de uma teoria social capaz de apreender a estrutura íntima da sociedade burguesa — a tradição cultural acumulada desde o Iluminismo, a visibilidade do ser social como tal e um movimento revolucionário a partir de cujos interesses de classe era possível ultrapassar a aparência coisificada dos fenômenos sociais. Marx é o pensador que funda esta teoria, num processo intelectual em que, legatário daquela tradição, ele inaugura um modo radicalmente novo de compreender a sociedade burguesa — compreendê-la para suprimi-la.

A teoria social de Marx, pois, tem como objeto a sociedade burguesa e como objetivo a sua ultra-passagem revolucionária: é uma teoria da sociedade burguesa sob a ótica do proletariado, buscando dar conta da dinâmica constitutiva do ser social que assenta na dominância do modo de produção capitalista. Sua estreita relação com o movimento operário, aliás, não é externa. Antes, é uma relação interna e orgânica: a obra marxiana concretiza, no plano teórico, o ponto de vista sociopolítico de classe do proletariado. Conhecimento do mundo burguês, vinculada umbilicalmente ao projeto revolucionário, a teoria social de Marx é uma daquelas matrizes culturais do mundo contemporâneo a que inicialmente fizemos referência.

A outra matriz importante procede da transformação subseqüente do pensamento restaurador e romântico que se adequa às necessidades de conservação, gestão e reforma da sociedade burguesa. Partindo dos "fatos sociais" como realidades objetivas indiscutíveis, este pensamento aceita acriticamente a aparência imediata dos fenômenos sociais e sobre ela constrói as suas reflexões. Basicamente, é o positivismo e todas as suas derivações posteriores, que não podem ser vistas apenas como equívocos, mas sobretudo como a incapacidade de o pensamento romper com os mecanismos da alienação e da reificação — incapacidade socialmente condicionada, quer pelo ponto de vista de classe dos seus representantes, quer pelo arsenal teórico de que se valem.

A esse pensamento conservador, tão marcantemente influenciado pelos movimentos epidérmicos da sociedade burguesa, devemos a constituição e o florescimento das chamadas ciências sociais, disciplinas particulares e autônomas que, nas suas especializações e procedimentos, reproduzem as cristalizações e as divisões que existem na superfície da sociedade.

É supérfluo observar que o desenvolvimento dessa matriz positivista (bem como das suas ulteriores inflexões, como o funcionalismo, o estrutural-funcionalismo, o neopositivismo estrito, o estruturalismo), tendo sempre, franca ou veladamente, Marx como interlocutor, não excluiu a continuidade e a renovação das tendências místicas e mitologizantes que se abrigavam na gênese do pensamento conservador. Aparentemente contrapostas, a matriz positivista e essas posturas irracionalistas dão-se as mãos para prover a sociedade burguesa de legitimações ideológicas.

Assim, ao contrário do que asseguram muitos estudiosos, o século 19 não está "superado": as principais matrizes intelectuais nele emergentes estão mais vivas e atuantes que nunca — num pólo, a inaugurada por Marx; noutro, a estabelecida pelo positivismo. E talvez não seja falso supor que isto não se modificará substancialmente antes que o processo histórico remova definitivamente da cena o mundo burguês.

UMA TEORIA
DA SOCIEDADE BURGUESA

Como terei oportunidade de sugerir, os marxistas (e não só eles) encaram de maneira muito variada a obra de Marx. As interpretações são numerosas, às vezes conflitantes, às vezes complementares.

Penso que uma abordagem válida (mas igualmente polêmica) é aquela que toma a obra marxiana como sendo, essencialmente, uma *teoria da sociedade burguesa*: um complexo sistemático de hipóteses verificáveis, extraídas da análise histórica concreta, sobre a gênese, a constituição e o desenvolvimento da organização social que se estrutura quando o modo de produção capitalista se torna dominante. Naturalmente que não há condições, num livro como este, de extrair todas as conseqüências e implicações desta abordagem. Eu me limitarei ao realce dos traços gerais da obra de Marx a partir deste enfoque.

No capítulo precedente, vimos que a obra de Marx não surge na cultura e na história ocidentais como um raio inesperado em céu sereno. Resultante de um contexto sociopolítico determinado, ela é uma resposta aos problemas colocados pela sociedade burguesa e uma proposta de intervenção que tem como centro a classe operária.

Esses dois aspectos são inseparáveis. É a partir da perspectiva da revolução que Marx pensa a sociedade burguesa; a prática política que pode conduzir à ultrapassagem desta sociedade fornece-lhe o ponto arquimediano do qual arranca a sua reflexão. A perspectiva revolucionária confere sustentação social ao caráter radicalmente *crítico* da teoria marxiana, um caráter aliás imprescindível a qualquer conhecimento que não se contente apenas com a constatação dos fatos — mas que tome os fatos como sinais e índices, avançando deles para os processos nos quais adquirem sentido e significação. O conteúdo crítico da obra de Marx, portanto, é uma síntese de exigências teóricas e práticas, permitindo a produção de um conhecimento vinculado explicitamente à transformação social estrutural.

É evidente, porém, que a obra marxiana, a partir dos pressupostos que indiquei, não se construiu de um só golpe. Não é este o lugar para que se trace um roteiro biográfico de Marx (1818-1883), nem para mencionar a importância crucial da sua colaboração com Engels (1820-1895). E, menos ainda, para arrolar os seus livros principais — o pensador alemão que nasceu em Trèves, viveu na França e na Bélgica e, depois de 1850, experimentou o exílio em Londres, deixou um acervo de textos e uma copiosa correspondência que, ainda hoje, se oferecem como um vasto campo para a pesquisa. Mas é de assinalar que sua obra é fruto de uma longa maturação, que ocupa pelo menos dois quintos do tempo em que Marx trabalhou. Com efeito, na sua trajetória intelectual (de 1841 até o início da década de 80) são perceptíveis momentos diferenciados, interrupções e retomadas.

A existência de giros nessa evolução complicada deu motivo a interpretações que chegam a opor o "jovem Marx" ao "Marx da maturidade". Tais interpretações são equivocadas: desde 1843 (quando elabora a sua primeira crítica a Hegel), o pensamento marxiano se desenrola num percurso que obedece a uma rigorosa lógica, subordinada ao objetivo de compreender a sociedade burguesa. Os passos sucessivos de Marx, nesta via, se distinguem pelo grau de concreticidade que progressivamente alcança e que, em larga medida, são condicionados pela sua experiência como teórico e dirigente revolucionário e pelas lutas da classe operária européia. Esta evolução tem um ponto de arranque, em 1844/1845, na crítica a que Marx, com Engels, submete a concepção de filosofia vigente (*A Ideologia Alemã*); avança para um patamar original em 1847/1848, quando ele realiza a sua primeira abordagem de conjunto da sociedade burguesa (na *Miséria da Filosofia* e, com Engels, no *Manifesto do Partido Comunista*) e atinge seu pleno desenvolvimento entre 1857/1858, com a descoberta das determinações fundamentais da vida social burguesa (nos famosos *Grundrisse*, manuscritos prévios a'*O Capital*).

Nessa evolução, naturalmente que há passagens mais ou menos relevantes; o espólio marxiano não tem valor uniforme e nem todas as reflexões de Marx se mostram hoje igualmente válidas. É tarefa da crítica avaliar o que, na ciclópica obra marxiana, transcende os limites históricos de Marx e o que, decorridos cem anos desde a sua morte, deve ser deixado de mão, como lastro superado pelo tempo e pelas modificações sofridas pela realidade social.

É também considerando a maturação do pensamento de Marx que se pode equacionar convenientemente a sua relação com o bloco cultural progressista a que já me referi. Sugeri, no capítulo anterior, que esta relação é, ao mesmo tempo, de continuidade e de ruptura — uma *superação*, como diriam os filósofos. É na sua evolução intelectual que Marx se vai livrando das "influências" e articulando o modo radicalmente novo de pensar a sociedade. Neste processo, a sua reflexão resgata daquele bloco todo um conjunto de procedimentos, temas, idéias e categorias; mas o faz numa operação crítica, tanto mais rigorosa quanto mais definido se torna o seu projeto teórico. A concepção dialética (que recuperou de Hegel), a teoria do valor-trabalho (que tomou de Smith e Ricardo), a denúncia da miséria da vida sob o capitalismo e o apelo a uma nova ordem social (que encontrou nos chamados "socialistas utópicos"), o reconhecimento do papel histórico fundamental das lutas de classes (presente nos historiadores das revoluções burguesas) — todo este patrimônio é incorporado por Marx e só recebe um tratamento conclusivo à medida que seu próprio pensamento se clarifica. E esta clarificação vem no curso de confrontos com a realidade social da época, de acesas polêmicas com os socialistas contemporâneos e nela é primordial a colaboração com Engels.

A incorporação desse acervo teórico-cultural, porque crítica, não foi arbitrária. Implicou uma criteriosa seleção e, ainda, a atribuição de novos e diferenciados sentidos e conteúdos a conquistas intelectuais anteriores. Marx assimilou a herança cultural progressista reelaborando-a para os objetivos de suas investigações, sintetizadas num texto de janeiro de 1859 (o prefácio à obra *Para a Crítica da Economia Política*):

"O resultado geral a que cheguei e que, uma vez obtido, serviu-me de fio condutor de meus estudos, pode ser formulado em poucas palavras: na produção social da própria vida, os homens contraem relações determinadas, necessárias e independentes da sua vontade, relações de produção estas que correspondem a uma etapa determinada

de desenvolvimento das suas forças produtivas materiais. A totalidade destas relações de produção forma a estrutura econômica da sociedade, a base real sobre a qual se levanta uma superestrutura jurídica e política, e à qual correspondem formas sociais determinadas de consciência. O modo de produção da vida material condiciona o processo em geral de vida social, político e espiritual. Não é a consciência dos homens que determina o seu ser, mas, ao contrário, é o seu ser social que determina a sua consciência. Em uma certa etapa de seu desenvolvimento, as forças produtivas materiais da sociedade entram em contradição com as relações de produção existentes ou, o que nada mais é do que a sua expressão jurídica, com as relações de propriedade dentro das quais aquelas até então se tinham movido. De formas de desenvolvimento das forças produtivas essas relações se transformam em seus grilhões. Sobrevém então uma época de revolução social. Com a transformação da base econômica, toda a enorme superestrutura se transforma com maior ou menor rapidez. Na consideração de tais transformações é necessário distinguir sempre entre a transformação material das condições econômicas de produção, que pode ser objeto de rigorosa verificação da ciência natural, e as formas jurídicas, políticas, religiosas, artísticas ou filosóficas, em resumo, as formas ideológicas pelas quais os homens tomam consciência desse conflito e o conduzem até o fim. Assim como não se julga o que um indivíduo é a partir do julgamento que ele faz de si mesmo, da mesma maneira não se pode julgar uma época de transformação a partir da sua própria consciência; ao contrário, é preciso explicar essa consciência a partir das contradições da vida material, a partir do conflito existente entre as forças produtivas sociais e as relações de produção. Uma formação social nunca perece antes que estejam desenvolvidas todas as forças produtivas para as quais ela é suficientemente desenvolvida, e novas relações de produção mais adiantadas jamais tomarão o lugar antes que suas condições materiais de existência tenham sido geradas no seio mesmo da velha sociedade. É por isto que a humanidade só se propõe as tarefas que pode resolver, pois, se se considera mais atentamente, se chegará à conclusão de que a própria tarefa só aparece onde as condições materiais de sua solução já existem, ou, pelo menos, são captadas no processo do seu devir. Em grandes traços, podem ser caracterizadas como épocas progressivas da formação econômica da sociedade os modos de produção: asiático, antigo, feudal e burguês moderno. As relações burguesas de produção constituem a última forma antagônica do processo social de produção; antagônicas não em um sentido individual, mas de um antagonismo nascente das condições sociais de vida dos indivíduos; contudo, as forças produtivas que se encontram em desenvolvimento no seio da sociedade burguesa criam ao mesmo tempo as condições materiais para a solução desse antagonismo. Daí que com essa formação social se encerra a pré-história da sociedade humana.''

Que o leitor me perdoe a longa transcrição — ela, porém, oferece uma excelente súmula do tratamento a que Marx submetia questões tão fundamentais como ser e consciência sociais, produção social e organização sociocultural, ideologia e revolução. E, a propósito das investigações marxianas, dois aspectos devem merecer a nossa atenção.

Em primeiro lugar, Marx enfoca a sociedade burguesa como produto de um processo plurissecular, no qual certas possibilidades do gênero humano não só se explicitam como, ainda, servem para iluminar etapas históricas precedentes. Na sua ótica, é o presente que esclarece o passado — o mais complexo ajuda a explicar o mais simples. Conseqüentemente, ao elaborar a sua teoria da sociedade burguesa, Marx estabeleceu determinações de validez mais ampla. Foi desta maneira que concebeu o homem como um *ser prático e social*, produzindo-se a si mesmo através das suas objetivações (a *práxis*, de que o *processo do trabalho* é o momento privilegiado) e organizando as suas relações com os outros homens e com a natureza conforme o nível de desenvolvimento dos meios pelos quais se mantém e reproduz enquanto homem.

*A teoria marxiana toma a sociedade (burguesa) como
uma totalidade, um sistema dinâmico
e contraditório . . .*

Em segundo lugar, um traço distintivo da teoria marxiana é que ela toma a sociedade (burguesa) como uma *totalidade*: não como um conjunto de partes que se integram funcionalmente (um todo), mas como um sistema dinâmico e contraditório de relações articuladas que se implicam e se explicam estruturalmente. É uma teoria que quer apanhar o *movimento constitutivo* do social — movimento que se expressa sob formas econômicas, políticas e culturais, mas que extravasa todas elas. Por isso, a análise da organização da economia (a crítica da economia política) é o ponto de irradiação para a análise da estrutura de classes e da funcionalidade do poder (a crítica do Estado) e das formulações jurídico-políticas (a crítica da ideologia). E a pesquisa destas dimensões do social remete de uma a outra — assim, a análise do movimento do capital remete à análise do movimento das classes etc. Compreende-se, pois, que em Marx exista uma *teoria* da sociedade burguesa que pouco tem a ver com as *ciências sociais* especializadas (economia, sociologia etc.), ainda que opere com os mesmos materiais que servem de objeto a elas. Da mesma forma, fica óbvio que, na teoria marxiana, não há lugar para qualquer concepção fatorialista da sociedade ou da história (a predominância abstrata do "fator econômico" ou semelhantes).

Esses dois aspectos cardeais do pensamento marxiano relacionam-se ao método de pesquisa de Marx. O seu procedimento consistia sempre em avançar do empírico (os "fatos"), apanhar as suas relações com outros conjuntos empíricos, investigar a sua gênese histórica e o seu desenvolvimento interno e reconstruir, no plano do pensamento, todo este processo. O circuito investigativo, recorrendo compulsoriamente à abstração, retornava sempre ao seu ponto de partida — e, a cada retorno, compreendia-o de modo cada vez mais inclusivo e abrangente. Os fatos, a cada nova abordagem, se apresentam como produtos de relações históricas crescentemente complexas e mediatizadas — podendo ser contextualizados de modo concreto e inseridos no movimento maior que os engendra. É um método, portanto, que, em aproximações sucessivas ao real, agarra a *história* dos processos simultaneamente às suas *particularidades internas*. Um método que não se forja independentemente do objeto que se pesquisa — o método é uma relação necessária pela qual o sujeito que investiga pode reproduzir intelectualmente o processo do objeto investigado.

A análise da sociedade burguesa (realizada tendo como referência a Inglaterra, o país capitalista mais progressista do seu tempo) revela-a a Marx como uma forma de organização social extremamente dinâmica, a mais avançada de quantas embasadas na propriedade privada dos meios de produção e na divisão social do trabalho, prenunciadora do fim da "pré-história humana". Nela, todas as contradições do movimento social alcançam o seu ápice e, no mesmo processo, se gestam as condições para superá-las e inaugurar a "história da humanidade".

Generalizando e universalizando a troca mercantil, a sociedade burguesa é atravessada por uma contradição insanável nos seus marcos: a contradição entre o caráter social da produção e a sua apropriação privada (pelos capitalistas). Antagonizando os que detêm os meios de produção (capitalistas) com os que só têm a sua força de trabalho (proletários), esta sociedade apenas se desenvolve através de crises econômicas inelimináveis e vai reproduzindo, em todos os seus níveis e dimensões, conflitos e tensões que, acumulados e multiplicados, incompatibilizam a maioria dos homens com o modo de vida imperante.

A totalidade social é penetrada, em todas as instâncias, pelas incidências das contradições, que possuem seus próprios rebatimentos políticos e culturais. E as crises, em si mesmas, são uma condição da existência desta sociedade — e só são equacionadas, no limite, pela *vontade política* das classes sociais fundamentais. O equacionamento dos capitalistas conduz à crescente barbarização social; o dos proletários, à supressão do sistema, à revolução que expressa seus interesses gerais.

O sistema social burguês, todavia, engendra todo um ambiente psicossocial (um modo de pensar matrizado pela alienação e pela reificação) que dificulta ao proletariado a descoberta dos seus verdadeiros interesses. A *consciência de classe* proletária só é alcançada mediante uma dramática luta contra as mistificações (na qual tem grande relevância o conhecimento veraz da realidade). A revolução entra na ordem do dia quando o proletariado, através da ação dos seus segmentos de vanguarda, atinge aquela consciência e, pela sua organização, polariza outros setores sociais explorados e/ou oprimidos. E isto só se viabiliza quando a própria sociedade burguesa se desenvolveu a ponto tal que tenha gerado um proletariado numeroso e concentrado (o que supõe um alto grau de industrialização) e formas políticas que lhe possibilitem alguma margem de ação política organizada (o que implica a vigência de direitos cívicos).

Para Marx, a revolução exigia a ascensão do proletariado, à frente de um arco de forças antiburguesas, ao poder político: a desestruturação do Estado burguês abriria a passagem à nova ordem social — um período de transição denominado *socialismo*. Lapso de tempo para a reorganização da sociedade, com a supressão das classes sociais e seus fundamentos (especialmente a propriedade privada dos meios de produção) e do Estado como instância coatora, a transição socialista se caracterizaria como uma democracia de massas (o que, umas poucas vezes, Marx chamou de "ditadura do proletariado") e criaria os pressupostos para a "história da humanidade", com a exploração do

homem pelo homem convertida em mera lem-
brança. A nova ordem social, o *comunismo*, não
assinalaria um harmonioso fim da história, mas
seria a *forma* da sociedade humana. Não o reino
dos céus na terra, mas o rico espaço em que a pro-
messa da felicidade social seria possível com o
florescimento da personalidade de todos e cada
um dos homens, à base da "livre associação de
livres produtores".

Marx se absteve de quaisquer "previsões" sobre
os traços, os ritmos e os contornos da sociedade
comunista. Seus escrúpulos intelectuais o impe-
diam de transformar a teoria em profecia. Aliás,
todas as suas conclusões assentam em estudos de
realidade: por exemplo, a função histórica que
atribui ao proletariado (a de agente revolucionário) deriva da análise que faz da sua posição e do
seu papel no interior da sociedade burguesa. Seus
cuidados em evitar mitos e utopismos de qualquer
espécie sempre o levaram a recusar prognoses que
não tivessem lastro teórico-racional inferido da
realidade.

Todo esse rigor, entretanto, não foi suficiente
para evitar que duas de suas hipóteses mais caras
fossem contraditadas pela história: a de que a revolução se iniciaria nos países capitalistas avançados e, a curto prazo, seria de âmbito mundial. Mas
aí surgiu em cena um novo protagonista, que Marx
apenas vislumbrou: o imperialismo, com a passagem do capitalismo para a idade do monopólio.

O NASCIMENTO DO MARXISMO

É só nos últimos anos de vida de Marx que suas principais propostas políticas começam a ganhar os setores mais combativos da classe operária da Europa Ocidental. Na verdade, entre as insurgências de 1848 e a Comuna de Paris (1870-1871), as vanguardas proletárias se moveram no interior de um confuso espectro ideológico, onde se mesclavam idéias mutualistas, cooperativistas, anarquistas e terroristas. A tentativa de unificar minimamente o movimento operário através da *Associação Internacional dos Trabalhadores* (depois conhecida como Primeira Internacional), levada a cabo por Marx entre 1864 e 1871, se frustrou justamente em razão das divisões oriundas do sectarismo que imperava entre os representantes daquelas correntes.

A hegemonia das propostas de Marx no seio das vanguardas operárias se afirma paulatinamente, consolidando-se na virada do século. Mesmo assim, as propostas marxianas conviveram (e continuam a conviver hoje) com um leque diferenciado de sugestões e alternativas, inclusive porque o movimento operário teve e tem fronteiras bem mais amplas que as suas tendências revolucionárias.

A partir das duas últimas décadas do século 19 é que se verifica o empolgamento das mais significativas vanguardas operárias pelas propostas derivadas da teoria marxiana. E esse processo não se explica sem que se recorde que ele foi viabilizado pela criação do primeiro grande partido proletário de massas, o Partido Social-Democrata Alemão, que se tornou o eixo da *Segunda Internacional*, fundada em 1889.

Graças aos êxitos do partido alemão, em cujas lideranças pontificavam dirigentes e teóricos ligados a Marx e a Engels, a Segunda Internacional teve destino diferente do da sua antecessora: até a eclosão da Primeira Guerra Mundial, ela funcionou como organismo que deu o tom do movimento operário revolucionário. No plano ideológico, a entidade desempenhou um papel que está longe de se exagerar: através de uma poderosa imprensa e um exército de publicistas, promoveu a divulgação massiva de idéias contidas na obra de Marx, colocou-as ao alcance de milhões de trabalhadores — em suma, conectou diretamente sugestões de Marx à prática política de massas operárias. Nesta operação, os homens da Segunda

Internacional não se limitaram a levar teses de
Marx ao grande público; também procuraram apli-
car e desenvolver o legado marxiano, enfrentando
temáticas que Marx não tratara ou não conhecera.

No seu trabalho, contudo, os ideólogos da
Segunda Internacional — um variado elenco de
intelectuais alemães, russos, poloneses, italia-
nos etc. — não se houveram sem problemas ou
equívocos. Além das naturais dificuldades ocasio-
nadas pelas contingências das lutas de classes, alguns elementos condicionaram negativamente a
sua tarefa.

De um lado, a complexidade mesma da obra
marxiana, que supõe, para a sua correta leitura,
uma sólida formação cultural, especialmente um
conhecimento profundo dos procedimentos dia-
léticos. Como complicador, lembre-se ainda que
muitos textos marxianos fundamentais permane-
ceram inéditos por longo tempo. De outro, as
próprias necessidades de tornar acessível às massas um pensamento tão cheio de matizes favore-
ceram uma atitude esquemática e simplificadora
em face de reflexões ricas e multifacéticas.

E dois outros componentes se conjugaram para
emoldurar as limitações da intervenção da Segunda Internacional neste terreno. Por uma parte,
um generalizado espírito positivista (compreensí-
vel quer pela pressão da cultura manipuladora
inerente à burguesia consolidada, quer pelo pres-
tígio desfrutado pelo cientificismo resultante das

conquistas da ciência da natureza da época) era compartilhado pela maioria dos seus ideólogos. Por outra, as exigências imediatas das lutas políticas os obrigavam menos a insistir no conhecimento teórico do que a criar um conjunto de valores, símbolos e palavras de ordem que induzissem a classe operária à ação.

Todos esses elementos, e outros que não podem ser analisados aqui, condicionam a leitura e fundam a interpretação que a Segunda Internacional, através de teóricos dotados como Kautsky e Plekhanov, fez da obra marxiana. Interpretação que, no momento em que trazia o pensamento de Marx às massas, modificava-o significativamente — e esta modificação consiste, fundamentalmente, na conversão da obra de Marx em uma *concepção de mundo* (isto é: uma visão de conjunto da natureza e do homem, um sistema completo e acabado). Estava nascendo um *marxismo*, e o termo, utilizado, ao que parece, pela primeira vez por Kautsky um pouco antes do falecimento de Marx, arrancou deste expressões de ironia e protesto.

Expliquemo-nos. Toda a gigantesca pesquisa de Marx foi realizada para compreender a dinâmica da sociedade burguesa e, compreendendo-a, fornecer ao proletariado as armas teóricas capazes de assegurar condições de êxito à sua ação revolucionária. Marx dedicou-se a uma teoria crítica para fundamentar e legitimar a negação prática da sociedade burguesa — este é o núcleo e o sentido da sua investigação.

A leitura que os mais destacados teóricos da Segunda Internacional fazem da sua obra, sob os condicionamentos que apontei, naturalmente retoma muito do pensamento marxiano, mas convertendo-o em chave de interpretação para *todos* os fenômenos (inclusive da natureza) e, simultaneamente, extraindo dele uma *filosofia* que, na prática sociopolítica, estabeleceria uma *ideologia* revolucionária da classe operária. Resulta daí este marxismo: um referencial global para o entendimento científico (segundo os modelos da ciência da natureza) do mundo e uma pauta de comportamento sociopolítico.

Trocando em miúdos: o que originalmente eram hipóteses teórico-críticas para desvendar a essência de uma sociedade historicamente datada passa a se constituir num padrão geral de pesquisa e interpretação, válido para qualquer objeto, e do qual derivam diretamente normas para a ação. Abria-se, tacitamente, o caminho para a conversão da teoria em uma verdadeira doutrina — caminho ulteriormente percorrido pelo dogmatismo da Terceira Internacional, como veremos.

É claro que, se se tomam seletivamente algumas passgens de Marx, encontram-se elementos para justificar o marxismo assim concebido. E também é claro que a legítima autoridade de que Engels foi investido, depois da morte do companheiro, contribuiu para estimular decisivamente o nascimento do marxismo. Já no seu célebre *Anti-*

Duhring, publicado ainda em vida de Marx, é
visível a tendência de focar as idéias marxianas
como um *sistema* enciclopédico de explicação
do mundo (e, no inacabado manuscrito engel-
siano sobre a *Dialética da Natureza*, editado em
1925, consuma-se a extensão da metodologia de
Marx para o mundo extra-social, comportando uma
filosofia da natureza).

O resultado é que, nas interpretações dominantes na Segunda Internacional, o legado de Marx
é tomado como uma ciência — o marxismo — que
funda uma concepção de mundo. Oferecendo
uma filosofia da natureza e da história (o materialismo), esse marxismo, partindo das determinações da ''base econômica'', explica as relações
sociais em geral. Ao lado da ênfase no ''fator
econômico'' (tão gritante que o próprio Engels
se viu compelido a denunciar o economicismo),
vicejou uma percepção claramente evolucionista
do processo social, sintoma da contaminação
positivista na Segunda Internacional: o trânsito
do capitalismo ao socialismo seria um progresso
inevitável e fatal.

Trata-se, como é óbvio, ao mesmo tempo, de
uma redução e uma ampliação do legado marxiano. O reducionismo não se refere apenas à
simplificação dos procedimentos analíticos, mas
ainda ao abandono de temáticas caras a Marx (por
exemplo, as questões referidas à práxis). A ampliação decorre da extensão da pesquisa marxiana

*A sociedade burguesa: contradição entre o caráter
social da produção e a sua apropriação privada.*

a objetos até então pouco abordados (por exemplo, as investigações sobre a história da filosofia e da arte, realizadas pioneiramente por Plekhanov e Mehring, ou os estudos de Kautsky e Lênin sobre a relação entre o capitalismo e a agricultura).

Seria enganoso, porém, considerar o marxismo, tal como ele se desenvolveu na virada do século, como um bloco homogêneo: no seio mesmo da Segunda Internacional floresceram posições divergentes, que, no limite, redundaram em importantes divisões. Assim é que, logo após a morte de Engels, Bernstein se dispôs a revisar teses marxianas para adequá-las ao que julgava serem os "fatos" da atualidade. Tais "fatos", na sua opinião, indicavam mudanças qualitativas no capitalismo, que tornavam anacrônica a proposta da revolução: "progressivamente", sem rupturas, a evolução mesma da sociedade burguesa, mediante reformas, levaria ao socialismo.

A defesa que Bernstein fazia de uma "revisão" das idéias de Marx não era casual: expressava, de um lado, mudanças reais na sociedade burguesa e, de outro, a própria prática do partido alemão, que tendia a se integrar no jogo político das classes dominantes. Contra essa intenção de substituir o projeto *revolucionário* por propostas *reformistas* colocaram-se Kautsky e Plekhanov e, mais vigorosamente, Lênin e Rosa Luxemburgo.

A questão efetiva era identificar o que havia de novo na sociedade burguesa. A polêmica emerge nos últimos anos do século 19 e vai prosseguir até o final da Primeira Guerra Mundial. As atenções se dirigem para as transformações operadas no ordenamento da economia capitalista e três teóricos se destacam nestas investigações: R. Hilferding (*O Capital Financeiro*), Rosa Luxemburgo (*A Acumulação de Capital*) e Lênin (*O Imperialismo, Estágio Superior do Capitalismo*). Os enfoques são diferentes, há soluções contraditórias, mas uma conclusão se impõe: o capitalismo clássico (liberal, concorrencial) cedeu lugar ao capitalismo dos monopólios. Chamando a este de *imperialismo*, Lênin infere que esta mudança, entre outras implicações (como, por exemplo, o surgimento de uma "aristocracia operária" interessada apenas no reformismo), transfere o eixo inicial da revolução dos países adiantados para os atrasados, já que estes constituiriam o "elo mais fraco da corrente imperialista".

Entre os revolucionários formados sob a égide da Segunda Internacional, Lênin, sem dúvidas, se revelará uma figura ímpar — e não só por haver liderado a primeira revolução proletária vitoriosa. Além da sua contribuição ao estudo do imperialismo, coube-lhe desenvolver duas temáticas centrais do marxismo: a *questão do Estado* e a *questão do partido político proletário*. Quanto à primeira, Lênin resgata as principais passagens de Marx e Engels sobre a natureza e a função do Estado e, sublinhando que na destruição do Estado burguês consiste uma tarefa elementar da revolução socialista, aprofunda a tese de que o Estado pós-revolucionário tende à extinção. Na abordagem da segunda questão reside boa parte da sua influência sobre o movimento operário revolucionário: retomando indicações de Kautsky, ele formula a idéia de que a consciência espontânea do proletariado tem seu limite no sindicalismo; o salto ao patamar da revolução exige o rebatimento, na consciência operária, de uma teoria que não é acessível ao proletariado na sua experiência cotidiana — vale dizer: a teoria revolucionária não brota da prática do operário, mas se articula desde o exterior desta prática. Esta tese, que sofrerá inflexões na evolução do próprio Lênin, está na base da teoria bolchevique do *partido de novo tipo*, visto como a instância que pode conduzir a classe operária a uma eficiente prática revolucionária.

Já observei que o marxismo construído pelos ideólogos da Segunda Internacional não era um bloco homogêneo. As diferenciações nele contidas, no entanto, vêm à luz com nitidez quando o organismo entra em crise, em 1914. Esperava-se que o movimento operário inspirado em Marx — conhecido genericamente como *movimento social-democrata* —, em face da guerra imperialista, ou se recusasse a participar dela ou lutasse para transformá-la em processo revolucionário. Não foi o que ocorreu em julho-agosto de 1914: muitos partidos vacilaram e o principal deles, o alemão, votou pelos créditos belicistas pedidos pelo Kaiser. O *internacionalismo*, a solidariedade entre os operários de todos os países simplesmente foi às favas.

Eis a gota d'água que precipitou a ruptura, trazendo para a prática política rompimentos que estavam latentes nas diferenças teóricas. Os dirigentes reformistas ou hesitantes somaram-se à histeria guerreira de seus governos ou, quando muito, refugiaram-se num pacifismo de opereta. Os dirigentes mais destemidos e combativos (Rosa Luxemburgo, Franz Mehring, Lênin), denunciando a guerra e o comportamento dos seus companheiros da véspera, demarcaram-se da social-democracia e procuraram forjar novos instrumentos de ação política.

A ruptura se torna mais drástica quando, no fim da guerra, eclode a Revolução Russa e surgem os seus primeiros desdobramentos. As fraturas conhecidas desde 1914 parecem, então, chegar ao irreversível: muitos dos adeptos da social-democracia recusam-se a reconhecer na iniciativa dos liderados por Lênin o projeto de Marx. E, defrontados com ações revolucionárias, posicionam-se de forma a favorecer as classes dominantes (assim se deu na Alemanha, em 1919/1920, quando a fração revolucionária de Rosa Luxemburgo foi barbaramente reprimida com o apoio da social-democracia).

Do colapso da Segunda Internacional restou, pois, no plano político, uma profunda divisão que até hoje separa as correntes do movimento operário originalmente inspiradas em Marx: de um lado, os social-democratas (freqüentemente aglutinados em partidos socialistas de corte reformista), no mais das vezes integrados no jogo político burguês; de outro, os revolucionários que, a partir daí, passaram a denominar-se comunistas. A divisão se cristalizou desde a década de 20, com a fundação da *Internacional Comunista* (conhecida como Terceira Internacional), em 1919, institucionalizando a ruptura.

Aí, porém, a obra ideológica da Segunda Internacional já estava concluída: o pensamento marxiano fora rearticulado num sistema fechado, numa concepção de mundo. E mesmo aqueles que se separaram radicalmente da prática política da Segunda Internacional, como Lênin, prolongavam, no essencial, as suas interpretações teóricas básicas. E é sobre este leito que vai prosseguir a evolução do marxismo.

O veio inaugurado por Bernstein, entretanto, não se exauriu. Na sua esteira, muitos pensadores começaram a ver em Marx mais um "cientista social", do qual se poderiam extrair algumas análises que, conjugadas a outras das ciências sociais, serviriam para explicar aspectos do mundo contemporâneo. Desvinculada da idéia da revolução e convertida em mais uma contribuição, dentre tantas, às ciências sociais, a obra de Marx passou a ser utilizada em operações analíticas "neutras", "objetivas". Extirpando dela a "ideologia" revolucionária, o reformismo abriu o caminho para a mumificação acadêmica de Marx como sociólogo, economista etc.

O MARXISMO-LENINISMO

A Revolução Russa assinala uma inflexão decisiva na história do marxismo emergente e consolidado com a ideologia da Segunda Internacional. A partir dela, um divisor de águas se estabelece a dois níveis: 1º) os marxistas já não podem se limitar à crítica da sociedade burguesa; defrontam-se com tarefas positivas: chegando ao poder na Rússia czarista, devem organizar a economia e a sociedade de um país subdesenvolvido e arrasado pela guerra e pela intervenção estrangeira; 2º) erguido o Estado soviético em condições muito peculiares, o discurso marxista é investido da função adicional de legitimar ideologicamente a nova ordem social. As implicações deste giro determinarão, em larga escala, a face mais conhecida do legado de Marx na metade inicial do século 20.

Vejamos o primeiro ponto. As tarefas dos revolucionários russos eram gigantescas e, no acervo marxista existente, não encontravam mais que pistas e sumárias indicações para a resolução dos seus problemas práticos. Confrontados com o desafio da construção de uma nova ordem social num país de capitalismo atrasado e periférico, eles de fato tinham que inventar e criar tudo.

Surge nos primeiros anos da revolução e se estende até finais da década de 20 uma rica efervescência teórica e cultural. Há que instituir regulamentações jurídicas, estruturar uma economia planificada, promover uma industrialização acelerada e coletivizar a agricultura. As polêmicas são intensas e os próprios revolucionários divergem na análise das situações e na definição de programas.

A produção intelectual é tempestuosa. Lênin faz argutas observações sobre o período de transição, o capitalismo de Estado e os riscos da burocratização. Trotski enfrenta a organização do exército e do trabalho, o novo papel dos sindicatos e a revolução mundial. Stucka e Pasukanis dão os primeiros passos na direção de uma teoria marxista do direito. Bukharin pensa o marxismo como uma sociologia alternativa. Preobazenksi aborda a questão da acumulação de capital no período de transição. Varga se interessa pelo problema da crise do capitalismo. Riazanov dedica-se à divulgação crítica das obras de Marx e Engels.

Esse florescimento intelectual (que incide, ainda, em todas as artes), mais o fascínio exercido pela experiência soviética, ultrapassa as fronteiras do novo Estado, potenciado pela perspectiva de uma iminente revolução no Ocidente. Revolucionários alemães e centro-europeus, como Korsch e Lukács, resgatam as vinculações entre Marx e a filosofia clássica, especialmente Hegel, enquanto o "austromarxismo", com Adler e Bauer, revaloriza Kant e, criticando a evolução soviética, tematiza a relação entre socialismo e democracia. Na Itália, Gramsci começa a alinhavar o seu pensamento original. A influência de Marx desborda da Europa Ocidental para o Oriente e igualmente alcança as Américas — aqui, seu primeiro grande discípulo é o peruano José Carlos Mariátegui.

Os desdobramentos da experiência soviética, porém, são inesperados para os revolucionários. Seu isolamento, determinado pelo fracasso da revolução no Ocidente (notadamente na Alemanha), cria as condições propícias para a emergência da autocracia stalinista que, na virada dos anos 20, instala o seu reino policialesco, só vencido três décadas mais tarde.

Com o chamado *stalinismo*, o marxismo dado à luz pela Segunda Internacional se converte numa ideologia de Estado — um discurso adequado para legitimar aparatos de poder. É evidente que esta conversão não foi simples nem linear, e aqui só importa assinalar o seu resultado. Já nos anos 30, o marxismo está *institucionali-zado*: investido como ideologia oficial do Estado autocrático stalinista, ele se torna uma linguagem e uma estratégia de poder.

Essa transformação não atinge apenas o mundo cultural soviético. Através da Terceira Internacional, os modelos políticos e ideológicos do partido soviético stalinizado se generalizam entre os comunistas de todo o mundo. Correia de transmissão da autocracia stalinista, a Terceira Internacional cumpre a função de equalizar o pensamento comunista, de uniformizá-lo e homogeneizá-lo segundo as fórmulas do marxismo institucionalizado.

Não é preciso dizer que, a partir do enquadramento realizado pelo marxismo oficial, tudo aquilo que a ele escapa — seja em política, seja em teoria — é rubricado como "desvio", "falsidade" etc. Instaura-se um marxismo "justo", "verdadeiro", que deve competir com o "não-marxismo". Também é desnecessário afirmar que a "maldição" política acompanha a "excomunhão" teórica: o caso mais óbvio é o de Trotski — com a sua liquidação política, liquidaram-se as suas análises sobre a constituição e a burocratização do Estado soviético.

Assim como a Segunda Internacional deu nascimento ao marxismo, a Terceira Internacional institucionalizou-o. Mas não se trata de um processo idêntico. Mudara a posição dos marxistas: agora, detêm um poder de Estado em consolidação e, em muitos países, contam com um firme aparato partidário (os partidos comunistas) que se organiza segundo uma rígida hierarquia, num molde operativo desconhecido antes do fim da Primeira Guerra. E mudou, principalmente, a funcionalidade do marxismo que se institucionaliza.

Já assinalei que a Revolução Russa significou uma ruptura *política* com a ideologia da Segunda Internacional. Ela demarcou os revolucionários e os reformistas. Mas a esta ruptura política não se seguiu, com radicalidade e conseqüência, uma ruptura *teórica* (quem trabalhou neste sentido, como Lukács, acabou isolado). Substancialmente, o marxismo institucionalizado pela Terceira Internacional é a mesma constelação teórica da Segunda Internacional, com a diferença crucial de funcionar como legitimação de um poder de Estado e de incorporar como essencial a contribuição de Lênin.

Investido na qualidade de retórica de um poder estatal, o marxismo da Terceira Internacional não só tende a perder rapidamente seus conteúdos críticos e a adquirir os contornos de um discurso vulgar e repetitivo. Mais ainda: ele também se torna um material ideológico submetido diretamente à propaganda e à agitação, manipulável segundo as exigências do momento. Por outro lado, a incor-

poração de Lênin igualmente se fez conforme
interesses políticos determinados.

Não está em causa, naturalmente, a relevância de Lênin na história, política e teórica, do
marxismo. Mas cabe realçar que o seu contri-
buto não foi assimilado como um dentre vários componentes de um largo elenco. Ao contrário: uma leitura particular de Lênin, a leitura
realizada pela autocracia stalinista, o situou como
uma contribuição canônica, de valor universal,
à obra de Marx — pretendendo que fosse Lênin
o único continuador legítimo de Marx.

Este é o marxismo institucionalizado pela
Terceira Internacional: o *marxismo-leninismo*,
que recebeu a sua formulação "clássica" sob a
chancela pessoal de Stalin, num texto da segunda metade dos anos 30, publicado como parte
da *História do Partido Comunista (Bolchevique)
da URSS*. Apoiando-se numa perspectivação positivista de Marx, valendo-se parcialmente de Engels
(o Engels do *Anti-Duhring* e da *Dialética da Natureza*) e de Lênin (o Lênin de *Materialismo e
Empirocriticismo*), Stalin, que desde 1924 sus-
tentava a existência do *leninismo*, considera o
marxismo-leninismo como uma *doutrina*, "concepção do mundo científica da classe operária"
e "teoria geral do partido marxista-leninista".
Esta doutrina comporta dois blocos de saber inter-
ligados: o *materialismo dialético* e o *materialismo
histórico*.

O materialismo dialético é uma teoria geral do ser que, em contraposição à "metafísica", privilegia o movimento e as contradições e toma o mundo material como o dado primário que, na consciência, dado secundário, aparece como reflexo. O materialismo histórico é a aplicação dos princípios do materialismo dialético ao estudo da sociedade.

Nessa angulação, o conflito central da filosofia é posto como o da luta entre o idealismo e o materialismo, este sempre identificado como expressão de forças socialmente progressistas. O método dialético surge como o mais apto para o estudo da natureza e da sociedade, reduzido a uma pauta que contempla um certo número de "leis" (a coexistência e a unidade dos contrários, a transformação da quantidade em qualidade etc.). Aplicado à sociedade, examina as instituições sociais como determinadas, "em última instância", pela infra-estrutura econômica.

Com a operação stalinista, a teoria marxiana é situada como uma ciência geral do ser (o materialismo dialético) que pode ser estendida à sociedade (o materialismo histórico). É compreendida como variável de um método dialético (do qual estão ausentes as preocupações com a práxis, com a mediação, a totalidade e a negatividade, bem como as tensões entre o sujeito e o objeto) que estabelece uma filosofia materialista, determinista e finalista da história (o socialismo é uma "necessidade objetiva inelutável"). A implementação desta concepção, porque também vinculada à justificação ideológica de um aparelho estatal, redundou em procedimentos dogmáticos: hipóteses marxianas passaram a ser questões de fé e a relação entre a teoria e a prática foi desnaturada em manipulação dos princípios para servir à apologia das iniciativas estatais — o *pragmatismo* invade o marxismo. E o uso de citações dos "clássicos" (com Stalin colocado no mesmo nível de Marx, Engels e Lênin), convenientemente escolhidas, converteu-se num sucedâneo da reflexão crítica.

Essa doutrina, que apresentava o legado de Marx como um a-bê-cê facilmente manualizável, moldou o esquema mental de milhões de homens, comunistas ou não. Estabelecendo dicotomias do tipo "ciência burguesa x ciência proletária", vulgarizando fórmulas unilaterais do gênero "a religião é o ópio do povo", conduzindo a deformações de toda a ordem (como o "realismo socialista" de Zdhanov ou a "genética de classe" de Lysenko), ela constitui a herança ideológica da Terceira Internacional e delimitou o campo principal onde, por cerca de trinta anos, afluíram as elaborações dos comunistas. E, ainda hoje, lastreia boa parte da polêmica que se trava em torno de Marx. Imposta por meios persuasivos, mas igualmente por métodos repressivos (os dissidentes teóricos ou eram obrigados ao silêncio ou "excomungados" das fileiras comunistas), ela congelou e congela a criatividade intelectual. Identificada sumariamente como "o marxismo", faz as delícias dos oponentes de Marx.

Seria um engano, todavia, imaginar que a camisa-de-força do marxismo-leninismo conseguiu travar inteiramente o pensamento inspirado em Marx. Até mesmo no seio da Terceira Internacional se registram esforços de compreensão efetiva do movimento real. Um exemplo é o trabalho de Dimitrov para entender o fenômeno fascista, definido por ele como ditadura terrorista dos segmentos mais reacionários do capital financeiro. Outro é o intento do inglês J. D. Bernal para estudar as relações entre as ciências da natureza e o desenvolvimento social. E polêmicas vivas se verificaram nos anos 30 e 40, depois recuperadas — como a que, sobre arte e modernidade, envolveu Lukács, Brecht e Bloch. Lukács, aliás, mesmo tão coagido pela autocracia stalinista, produziu neste período análises fundamentais sobre Hegel e a literatura clássica.

O apogeu do marxismo-leninismo, coincidindo com a vigência da autocracia stalinista e estendendo-se de meados da década de 30 aos anos 50, conviveu com tentativas marginais de preservação dos impulsos críticos. São constatáveis iniciativas que, desprezadas ou ignoradas na época, seriam valorizadas quando do colapso da ideologia da Terceira Internacional. Na Inglaterra, Cristopher

O espólio marxiano não tem valor uniforme e nem todas as reflexões de Marx se mostram, hoje, igualmente válidas.

Caudwell esboçava uma compreensão inovadora da poesia, Gordon Childe procurava os caminhos de uma antropologia cultural original, Maurice Dobb analisava a história fatual do capitalismo e o exilado Isaac Deutscher reconstruía a saga bolchevique. Na França, ainda nos anos 30, Henri Lefebvre destoava da dogmática de G. Politzer e, com N. Gutermann, redescobria preocupações marxianas. Nos Estados Unidos, Paul M. Sweezy pesquisava a dinâmica econômica do sistema capitalista. Isolado na prisão fascista, Gramsci elaborava, assistematicamente, o eixo do seu pensamento. Centrando-se especialmente nos chamados "fenômenos superestruturais", o revolucionário sardo enfatizava as relações entre cultura e política, observava a função dos intelectuais e as conexões do Estado com a sociedade. Pensando as condições da revolução em estruturas sociais complexas como as do Ocidente industrializado, Gramsci redimensionou o papel do partido revolucionário (o "intelectual coletivo") e tratou da questão da hegemonia no processo social.

Na seqüência da derrota nazifascista e da libertação pós-1945, o marxismo oficial começa a experimentar seu declínio (recorde-se que a Terceira Internacional foi extinta em 1943). A construção das novas sociedades, nos países em que os comunistas assumiram o poder, colocou a questão das *vias nacionais* para a transição socialista. A experiência chinesa, bem como a vietnamita, não teve inicialmente grande impacto neste processo. O mesmo não ocorreu com a Iugoslávia: sob a liderança de Tito e Kardelj, os iugoslavos recusaram a validez universal do "modelo soviético" e enveredaram por um caminho peculiar, embasado na *autogestão*: "excomungada" oficialmente, a opção iugoslava teve importantes conseqüências teóricas, repondo no debate marxista temáticas elementares em Marx, como a alienação, a práxis e o humanismo.

Intensas discussões se travaram então na Polônia, na Hungria, na Tchecoslováquia e na Alemanha acerca da *nova democracia* — estava em jogo o ordenamento sociopolítico da transição, mais tarde cristalizado aí nas denominadas *democracias populares*. Na Europa capitalista, um protagonista importante desses debates foi Palmiro Togliatti, que teorizava sobre a "democracia progressiva".

O peso do marxismo institucionalizado, contudo, barrava a incidência dessas e de outras elaborações. Só mesmo com a sua fratura — cujo processo público é aberto em fevereiro de 1956, com o XX Congresso do PCUS sendo o cenário da denúncia da autocracia stalinista — é que as tensões existentes viriam à tona. E a segunda metade dos anos 50 não assiste apenas à remoção de boa parte dos suportes políticos do marxismo oficial, com os desdobramentos da desmistificação da era stalinista. Assiste também à crise desse marxismo: a dogmática enfeixada no marxismo-leninismo mostra-se incapaz de dar conta das inquietudes intelectuais emergentes, é pobre diante da complexidade dos novos fenômenos postos pelo desenvolvimento do capitalismo no pós-guerra e pelos movimentos de libertação nacional, para não falar já dos problemas próprios aos países que haviam rompido com a ordem burguesa.

O marxismo dos manuais entra em colapso: suas fórmulas começam a ser recusadas, mesmo que ele continue pretendendo apresentar-se como a autêntica interpretação de Marx e reclame o monopólio das verdades.

Simetricamente à crítica da autocracia stalinista, surge um duplo movimento que configura a crise do marxismo-leninismo, seu corolário ideológico: ou seus herdeiros, decepcionados, abandonam a tradição revolucionária que vem de Marx para empreender um novo revisionismo, reencontrando o velho caminho reformista proposto pela social-democracia, ou se armam — com uma releitura crítica de Marx — para enfrentar o marxismo-leninismo, acertar as contas com ele e ultrapassá-lo criticamente.

Essa última alternativa (para a qual contribuiu, sem dúvidas, trabalho de estudiosos de Marx afastados do movimento comunista), desenvolvendo-se dos finais dos anos 50 aos dias de hoje, instaura um renascimento da reflexão comprometida com Marx e rompe com a ilusão (e/ou a pretensão) da existência de *um* marxismo, único, conclusivo, "puro".

A ULTRAPASSAGEM
DO MARXISMO

A segunda metade dos anos 50 — e o marco evidente é o XX Congresso do PCUS e suas conseqüências políticas e ideológicas — assinala o colapso do marxismo oficial, institucionalizado. Isto não significa que as suas concepções tenham sido superadas (antes, muitas delas ainda têm vigência no grosso do movimento comunista e revolucionário). No entanto, a partir de então, surgem e/ou ressurgem tendências alternativas de pensamento e reflexão que encontram ressonância tanto entre os comunistas e seus partidos como em outros meios intelectuais. Se, sob tutela do marxismo oficial, essas tendências eram rapidamente desqualificadas em nome do ''verdadeiro marxismo'' (o marxismo-leninismo), agora já não se sustentam facilmente as tentativas de salvaguardar a ''pureza da doutrina''.

A história responde por esta mudança, que vai alterar, mais uma vez, o perfil das interpretações e análises da obra de Marx. É a história das experiências de transição socialista, a história das lutas operárias no Ocidente, a história dos movimentos de libertação dos povos que sofriam a opressão e a exploração coloniais e neocoloniais.

Não é preciso ressaltar que o marxismo institucionalizado não dava conta da riqueza e da complexidade do mundo emergente no segundo pósguerra. Com a crítica da autocracia stalinista — ela também produto da dinâmica histórica da sociedade soviética —, abrem-se as comportas que representavam as tendências que, entre os herdeiros de Marx, apontavam para a análise dos fenômenos em curso. Vejamos, muito brevemente, como as questões histórico-concretas vão repercutir, nos anos seguintes a 1956, no redimensionamento da tradição marxista.

A questão das experiências de transição socialista colocava vários problemas. De um lado, havia que explicar por que a evolução soviética desaguara na autocracia stalinista; de outro, havia que compreender os caminhos dos Estados construídos após um processo de transformações revolucionárias diferente do soviético (por exemplo, a Iugoslávia, a China e, depois, Cuba). Assim, a crítica ao stalinismo se faz paralelamente à análise de processos revolucionários diversos. E, nos últimos 25 anos, a bibliografia dos marxistas registrou uma substancial ampliação das pesquisas sobre o papel dos Estados pós-revolucionários, da gestão da economia no período da transição e das vias nacionais para o comunismo. É nesta perspectiva que surgem estudos sobre o Estado da autocracia stalinista e as suas lutas de classes (Bettelheim, Bahro, Ellenstein), sobre a racionalidade da nova economia (Libermann, Lange, Sik) e sobre a organização dos novos Estados (Kardelj, Mao Tsé-tung, Gomulka).

Quanto às lutas operárias no Ocidente, o ponto fundamental residia na compreensão de por que o movimento socialista encontrava crescentes obstáculos para se expressar de forma revolucionária. Três ordens de problemas deviam ser enfrentadas para elucidar este ponto: as modificações na organização econômica capitalista, os mecanismos de inserção política do proletariado na sociedade burguesa e o papel desempenhado pelo Estado burguês. Na análise destas questões, a polêmica foi e continua acesa.

Todos os pesquisadores concordam em que a economia capitalista articulou instrumentos de auto-regulação desconhecidos por Marx. O dilema está na identificação destes mecanismos e da sua eficácia para alterár o caráter das crises inerentes ao sistema. Economistas soviéticos (Cheprakov, Rudenko) e franceses (Boccara) insistem em que o capitalismo monopolista ingressou numa etapa em que o Estado tornou-se o centro nevrálgico da organização econômica — o capitalismo monopolista de Estado (CME). Noutra perspectiva, Sweezy e Baran declaram que, para o entendimento do capitalismo contemporâneo, o decisivo é o estudo da destinação social do excedente econômico. E Mandel, um dotado investigador trotskista, tematiza o que chama de capitalismo tardio, determinando a iminência de uma série de crises econômicas distintas das conhecidas até os anos 60.

No que toca ao papel revolucionário do proletariado, igualmente há dissenções. Alguns pensadores chegaram a sugerir que este papel se transferiu para outros segmentos da população, com a classe operária integrando-se à ordem burguesa (num certo momento da sua trajetória, Marcuse atribuiu a iniciativa revolucionária aos "excluídos": jovens, minorias etc.). A maior parte deles, porém, sustenta que continua válida a "missão histórica" do proletariado, desde que se levem em conta as novas categorias de trabalhadores que a revolução científica e técnica — analisada, entre outros, por R. Richta — engendrou.

A abordagem do Estado, na angulação exigida pelas novas condições, supera o esquematismo do marxismo oficial. Mesmo com grandes diferenças entre si, os marxistas procuram entendê-lo não só como instrumento de coerção (o "comitê executivo dos interesses da burguesia"), mas ainda — na melhor tradição marxiana — como instrumento de organização do consenso político, que reproduz, em todos os níveis, as contradições sociais (Togliatti, Claudin, Miliband).

De todos esses enfoques, o que resulta claro é que o processo revolucionário no Ocidente desenvolvido não segue as vias que a revolução percorreu no "elo mais fraco da corrente". Quase nenhum marxista sério, hoje, duvida que os modelos que vingaram, por exemplo, na União Soviética (partido único, Estado hipertrofiado identificado e fundido com o partido etc.) ou na China (guerrilha prolongada, zonas liberadas etc.), são inviáveis nos países capitalistas avançados. Mesmo que se critiquem como insuficientes ou assemelhadas à social-democracia as alternativas já apresentadas, como aquelas envolvidas nas denominadas propostas eurocomunistas (Berlinguer, Ingrao, Carrillo), o fato é que a realidade do capitalismo desenvolvido exige dos revolucionários estratégias que, até agora, estão em aberto.

Enfim, mais problemas se colocaram com as lutas de libertação nacional dos povos da Ásia, África e América Latina, configuradas no segundo pós-guerra e em processo até hoje. É um conjunto de dilemas desconhecido pelo pensamento marxista tradicional, todo ele centrado na discussão das sociedades capitalistas européias — trata-se do elenco de questões relacionadas à escolha de um caminho não-capitalista por sociedades em que as relações sociais têm pouco a ver com os padrões burgueses "clássicos". No limite, o problema é implementar um projeto socialista revolucionário sem contar com a realidade histórica da nação e das classes sociais constituídas a partir da industrialização e da urbanização. No enfrentamento desta problemática, as contribuições não-européias foram de vulto (Amílcar Cabral, Ernesto Guevara) e não estão devidamente avaliadas).

Toda essa efervescência política, cultural e teórica corre balizada por dois fenômenos que têm de ser considerados. De uma parte, as novas fraturas no seio do movimento revolucionário, tipificadas no conflito sino-soviético e reproduzidas largamente entre os comunistas, terminam por cristalizar uma outra divisão entre as correntes renovadoras da tradição marxista e aquelas apegadas a um novo dogmatismo (a versão inicial do maoísmo, as caricaturas albanesas e, no plano teórico mais sofisticado, o marxismo impregnado de neopositivismo, como o de Althusser). De outra, a aproximação ao legado de Marx de movimentos de insurgência de origem não-proletária — baseados especialmente em camadas médias urbanas ou pequeno-burguesas, intelectuais ou de inspiração religiosa —, que utilizam categorias marxianas num quadro de referência que nada tem a ver com a teoria social de Marx.

Os componentes que acabo de mencionar convergem, desde o final dos anos 50, para um renovado interesse por Marx, que derivou, ainda, de um duplo estímulo. Primeiro, a insatisfação de muitos intelectuais com o estado das ciências sociais levou-os a buscar na herança de Marx elementos para uma revitalização de suas disciplinas ou especialidades (ilustram este procedimento, na filosofia, Sartre e, na sociologia, Wright Mills). Uma das conseqüências disso foi uma mais forte inserção das idéias de Marx no interior dos debates acadêmicos. Depois — fato muito importante —, em função das novas exigências do confronto ideológico, os marxistas se viram compelidos a uma postura crítica mais profunda em face das conquistas e construções do pensamento desvinculado de compromissos com a revolução (como a psicanálise, o neopositivismo, o estruturalismo, o existencialismo, a lingüística, a fenomenologia).

Como se infere, tanto as realidades econômico-políticas quanto as condições culturais do mundo em que os marxistas se movem, após o colapso do marxismo institucionalizado, são complicadas e inéditas. Os que se limitam às citações dos "clássicos" e à repetição das velhas fórmulas caem, necessariamente, no folclore ideológico. E a história mesma que passa a exigir um "retorno a Marx" ou — sob a inspiração não de suas conclusões, mas de seu método — o que Lukács denominou de "renascimento do marxismo".

Nesse movimento, muito do que se produziu em contraste com o marxismo-leninismo é resgatado, revalorizando-se contribuições que, no período da autocracia stalinista, eram ignoradas ou desacreditadas. Assim se explica o interesse pelos escritos mais antigos de Lukács, pelas elaborações de Bloch sobre a utopia e a esperança e pelas discussões sobre a cultura contemporânea desenvolvidas por pensadores como Walter Benjamin.

Parte integrante desse movimento é o ingresso de novas temáticas no horizonte teórico da tradição marxista: o universo da vida cotidiana (Lefebvre, A. Heller), o problema da personalidade (L. Sèvre), a questão urbana (Lefebvre). No seu interior, a polêmica com outras vertentes teóricas e disciplinas especializadas se enriquece: com a fenomenologia (Lukács, Kosic), com o estruturalismo (Lefebvre, Goldmann, Luporini, Thompson), com a semântica (Schaff), com o existencialismo (Mészáros). E tanto se retomam preocupações estéticas (Lukács, della Volpe) quanto investigações de reconstrução histórica (Kofler, Hobsbawm, Anderson), inclusive referidas à própria elaboração da teoria social por Marx (M. Rossi, Bottigelli, Lápine, R. Rosdolski).

O "renascimento do marxismo", porém, não se verificou e verifica somente no confronto com as novas realidades históricas e com as propostas teóricas dele desvinculadas. Realiza-se através de inúmeras polêmicas que distinguem e até antagonizam os próprios pensadores que se consideram marxistas. Isto é visível não apenas nas concepções que eles têm do legado de Marx — por exemplo: para Lukács, uma teoria da produção e da reprodução do ser social; para Althusser, um discurso epistemológico de novo tipo; para Vázquez, uma filosofia da práxis. É sobretudo visível em três grandes controvérsias, elas mesmas conectadas entre si, que percorrem os anos 60 e estão presentes ainda hoje: os debates sobre a relação entre Marx e Hegel, sobre a natureza do método dialético empregado por Marx e sobre as dimensões humanistas do seu pensamento. Tais discussões, estabelecendo ou negando "cortes" entre Marx e Hegel, divorciando ou integrando humanismo e ciência, não eram nem são querelas acadêmicas: elas incidem diretamente na interpretação do pensamento marxiano e rebatem de modo indireto nas opções e apreciações políticas mais imediatas.

Na condução e no desdobramento dessas e de outras polêmicas, as posições se diferenciam e o legado de Marx deixa de ser um território nitidamente demarcado para se colocar como um espectro muito rico em matizes e variações. E se consolidam matrizes com características muito particulares: alguns pensadores desenvolvem impostações epistemológicas (Althusser, os soviéticos Kopnin e Chaptulin); o velho Lukács trilha o caminho de uma ontologia do ser social; as

A II Internacional deu origem ao marxismo.
A III Internacional institucionalizou-o.

sugestões historicistas ganham um novo alento (Goldmann, Markovic).

Neste movimento, em curso nos dias atuais e que, como todo processo de investigação, não corre linear nem isento de equívocos, o que se destroça é a hipótese da existência do "marxismo". O que emerge não é um corpo de doutrina, mas um complexo de categorias cada vez mais abrangente — e sempre incompleto — para conhecer e direcionar, em alguma medida, a dinâmica social.

A articulação dessas categorias numa estrutura global indiscutível e única (numa concepção de mundo) não encontra suporte no pensamento contemporâneo; a diversidade analítica que se instaurou entre os marxistas é de tal ordem que não pode, sob nenhum pretexto, ser suprimida da exploração teórica.

Isso, naturalmente, não significa que as diferentes abordagens tenham a mesma validez ou que sejam complementares. Significa, apenas, que a verdade do ser social — como, aliás, Marx acreditava — não está pronta, acabada, dada na realidade para logo ser apreendida pelo pensamento. Mais exatamente: a verdade do ser social não está constituída — é *constituinte* e, portanto, da sua correta apreensão participam, necessariamente, as diferenças e os erros. A verdade do ser social não é um resultado: é um processo, do qual o falso é um momento.

Recuperando a radicalidade crítica e o direito à diferença, o pensamento que se pretende herdeiro de Marx torna-se tanto mais compatível com a sua inspiração quanto mais deixa de propor-se como um sistema fechado — como doutrina, seja "marxista", "marxista-leninista", ou qualquer outro "ista" — e se restaura como indagação teórica do mundo burguês para negá-lo enquanto prática de hoje e amanhã.

Esse trajeto necessário da reflexão conduz à ultrapassagem mesma do "marxismo" — não à "ultrapassagem" neoliberal, como a que acena o ex-marxista Colletti, ou à "ultrapassagem" social-democrata, pretendida pelas viúvas e órfãos do stalinismo, mas à ultrapassagem da herança de Marx no exato sentido de realizá-la como projeto teórico e prático revolucionário.

CONCLUSÃO: APENAS UMA INTRODUÇÃO

Imaginemos a seguinte situação: existe um conjunto de regras e princípios definidos, aceitos consensualmente como justos — e isso se chama "o marxismo". Este conjunto é propriedade de um grupo de pessoas, que se distingue das demais pela sua posse e utilização. Qualificado "o marxismo", se encontraria um instrumento (o "marxímetro") para quantificá-lo e avaliar, entre aquelas pessoas, quem é mais ou menos "marxista". E, em torno de um determinado índice (pontuado pelo uso de certos conceitos e noções, implementação de certas idéias e práticas), se fixaria a linha divisória entre "marxismo" e "não-marxismo". Então, se teria um referencial seguro para classificar e rotular obras, autores e iniciativas teóricas, culturais, políticas etc.

Se essa situação fosse verossímil, as coisas seriam bem fáceis. Mas não é.

Em primeiro lugar, "o marxismo" é uma ficção. Não há nada que, consensualmente, se possa reconhecer como tal. A partir das indicações contidas nos capítulos precedentes, o leitor pode concluir, legitimamente, que "o marxismo" é uma série de interpretações e acréscimos variados da obra de Marx, condicionados, cada um deles, por injunções históricas, culturais, políticas etc.

Em segundo lugar, quer o pensamento de Marx, quer os seus desdobramentos no curso da sucessão dos marxismos, não são monopólio de quaisquer grupos ou instituições. Se durante muito tempo o legado de Marx esteve confinado às fronteiras do movimento operário (principalmente aos seus segmentos mais avançados, os comunistas), a verdade é que hoje muitas das suas propostas empolgam vastos setores sociais. De fato, esse fenômeno, demonstrando a atualidade e o potencial do pensamento de Marx, não é singular: as grandes idéias-força de uma época histórica tendem sempre a desbordar os seus quadros originais. O que, aliás, foi bem captado por Sartre, quando pensou o marxismo como "o espírito do nosso tempo".

Se essa linha de reflexão é correta, então a resposta à pergunta "o que é marxismo?" deve conduzir a uma crítica da própria indagação. Com efeito, a pergunta, em larga medida, supõe exatamente aquela situação absurda imaginada no primeiro parágrafo. A questão, pois, está falseada à partida pela pressuposição de uma resposta determinada; só a formula quem, igualmente, tem a expectativa "do marxismo". Desfeita a expectativa — para o que espero ter contribuído ao longo deste ensaio —, a pergunta se modifica substancialmente. E pode ser desdobrada em outros sentidos e direções. O esclarecimento possível das dúvidas que então se colocam é factível a partir das observações que sumario a seguir.

A obra de Marx fundou um modo original de pensar a sociedade burguesa e a sua dinâmica, que inclui necessariamente a alternativa da revolução socialista. Tendo como marco o pensamento marxiano, desenvolveu-se uma tradição marxista, dos anos 80 do século passado aos nossos dias. No bojo desta tradição se entrecruzaram e se entrecruzam propostas diversificadas, conquistando alternadamente a hegemonia no interior desse leito histórico graças a razões diversas (desde o seu apelo intelectual à sua funcionalidade política). Respondendo, bem ou mal, aos desafios históricos em face dos quais se foram erigindo, tais propostas tanto alargaram o universo temático da tradição marxista quanto se vincularam seletivamente a algumas dimensões do pensamento de Marx. Em poucas palavras: a obra de Marx (que chamamos de *marxiana*) forneceu a base para inúmeros desenvolvimentos (as *correntes marxistas*) que, no seio de um bloco teórico-cultural diferenciado (a *tradição marxista*), oferecem tratamentos complementares, alternativos e/ou excludentes para os problemas que se foram e vão colocando no mundo burguês e nas suas ultrapassagens revolucionárias. Se se rotula esta tradição de "marxismo", corre-se o risco de perder de vista a sua enorme heterogeneidade — porque, se existem fios condutores que a identificam enquanto uma tradição, existem igualmente, e com a mesma relevância, componentes que peculiarizam as numerosas propostas que a compõem.

Entretanto, esse não é um problema meramente de nomenclatura: junto ao nome de Marx, o sufixo *ismo* não é nada inocente — seu emprego conduz, quase compulsoriamente, a circunscrever de forma arbitrária a tradição marxista a linhas de força que variam conforme os critérios (claros ou tácitos) de quem o utiliza. A noção do marxismo reduz a tradição marxista àquilo que um investigador ou uma instituição reconhece como tal e obstaculiza a sua compreensão como um espectro diferenciado de análises e propostas. Trata-se de uma terminologia comprometida com uma visão muito particular do legado de Marx: aquela que se condensa em torno do seu entendimento como concepção do mundo.

O que a denominação marxismo traz consigo, como um contrabando ideológico, é o abandono da historicidade da contribuição de Marx e dos que o sucederam: induzindo à idéia de uma linha contínua entre o pensamento marxiano e os projetos nele inspirados, obscurece os condicionamentos históricos, teóricos, culturais e políticos que respondem pelas várias interpretações, subtrações e adições realizadas em torno da obra de Marx. Na verdade, é muito difícil desvincular da noção de marxismo a problemática posta por uma história intelectual montada artificiosamente, na qual a relação dos "discípulos" com o "mestre" se define por "desvios", "deformações" ou, em troca, "fidelidade". E, com efeito, há fortes conotações sectárias na mística do marxismo, que podem facilitar procedimentos muito pouco congruentes com a inspiração teórica de Marx. É nesse sentido, aliás, que o processo da ultrapassagem do marxismo adquire a sua relevância mais óbvia.

Cabe destacar, ainda, dois pontos importantes. O primeiro remete à gênese das diferenciações constatáveis na tradição marxista. Elas têm origem menos nas interpretações que podem ser feitas da obra marxiana e mais nas exigências colocadas pelos contextos históricos em que se situam os marxistas. Às próprias demandas práticas que se põem aos marxistas se debitam boa parte das diferenças: a tendência usual é a de extrair de Marx aquilo que, num momento histórico preciso, é melhor instrumentalizável. O passo fatal consiste em, a partir desta escolha, se estabelecer uma interpretação global de Marx.

O segundo, que nos leva a um plano de discussão bem mais complexo, se relaciona à legitimidade das várias propostas marxistas em face do pensamento marxiano. A existência fatual de uma pluralidade de propostas inspiradas em Marx é indiscutível; outro problema é o da sua compatibilidade com a obra de Marx tomada na sua inteireza. Esta questão não pode ser resolvida recorrendo-se à letra de um ou outro texto marxiano; só deve ser equacionada considerando-se todo o projeto teórico e revolucionário de Marx, assentado em hipóteses que se verificam (ou não) na prática histórico-social.

Se esse projeto é visto como uma concepção de mundo, o trânsito ao dogmatismo é quase inevitável. Se é apreendido como um simples modelo de pesquisa, pode derivar no ceticismo teórico e prático. Em troca, se o tomamos como investigação revolucionária do movimento real da sociedade burguesa, à base de categorias inferidas do exame do seu próprio objeto (categorias que jamais o esgotam ou exaurem), então é possível compreender que a dúvida metódica não se degrada no relativismo, mas se testa na construção de uma teoria sempre aberta à confrontação com os novos processos emergentes. É nessa perspectiva que a tradição marxista pode deixar de ser focada como série de "erros" e/ou "acertos" para ser tratada como um complexo de aproximações sucessivas, mais ou menos exitosas, a uma verdade que se constitui no processo mesmo da sua descoberta.

Tais considerações parecem — e de fato o são — muito pouco conclusivas. Afinal de contas, a cada instante, se exige a definição não só do "marxismo" e do "não-marxismo", mas ainda a determinação das fronteiras entre as várias correntes marxistas. Se o leitor me acompanhou até aqui e não se sente em condições de esboçar essas demarcações, ótimo: este livrinho foi escrito exatamente para mostrar que tais divisórias, para serem minimamente sérias, reclamam uma análise extremamente cuidadosa e uma investigação de fundo responsável.

A minha conclusão, pois, não quer ser mais que o fecho de uma tentativa para introduzir o leitor na inesgotável problemática de Marx e da tradição marxista. Como Lukács observou certa feita, o caminho acabou — e, por isto mesmo, a viagem apenas começa.

INDICAÇÕES PARA LEITURA

O caminho mais válido para se aproximar do pensamento de Marx e de seus seguidores continua sendo a leitura de suas próprias obras — na verdade, nenhuma interpretação ou resumo pode substituir o exame dos textos marxianos e marxistas. E parte significativa deste material já é acessível ao leitor brasileiro, ainda que em traduções nem sempre confiáveis.

De Marx e Engels há várias edições em português d'*A Ideologia Alemã* e do *Manifesto do Partido Comunista*. De Marx, entre outros títulos, estão disponíveis: *Crítica da Filosofia do Direito de Hegel*, *A Questão Judaica*, *Manuscritos de 1844*, *Miséria da Filosofia*, *O 18 Brumário de Luís Bonaparte*, *As Lutas de Classe na França (1848-1850)*, *Para a Crítica da Economia Política*, *Cartas a Kugelmann*, *Crítica ao Programa de Gotha*, *O Capital* e *Teorias da Mais-Valia*. De Engels, estão editados: *A Situação da Classe Trabalhadora na Inglaterra*, *A Origem da Família, da Propriedade Privada e do Estado*, *Anti-*

Duhring, Ludwig Feuerbach e o Fim da Filosofia Clássica Alemã e *Dialética da Natureza*. Uma boa fonte, ainda, são os três volumes das *Obras Escolhidas de Marx e Engels*, com pelo menos duas edições no Brasil (a primeira, dos anos 60, pela Editorial Vitória, do Rio de Janeiro; a segunda, de 1977, pelas Edições Sociais, de São Paulo).

Quem desejar um contato direto com textos marxianos e marxistas selecionados, pode recorrer às antologias preparadas por Nelson Werneck Sodré sob os títulos *Fundamentos do Materialismo Dialético, Fundamentos do Materialismo Histórico, Fundamentos da Economia Marxista* e *Fundamentos da Estética Marxista* (todos lançados pela Editora Civilização Brasileira, do Rio de Janeiro, em 1968). Outra antologia interessante, direcionada diferentemente e permeada de argutos comentários críticos, é a organizada por C. Wright Mills, *Os Marxistas* (Editora Zahar, Rio de Janeiro, 1968). Ainda em se tratando de antologias, menção especial merecem as coletâneas da coleção "Grandes Cientistas Sociais", coordenada por Florestan Fernandes para a Editora Ática (São Paulo) — dentre seus vários volumes, foram publicados os de Marx, Engels, Lênin, Stalin, Mao Tsé-tung, Trotski, Guevara, Mariátegui, Lukács, della Volpe etc., com textos precedidos de uma introdução crítico-analítica.

Como enquadramento global da evolução de Marx e das modificações sofridas pelo seu legado na constituição da tradição marxista, é indispensável uma referência histórica abrangente. Cumpre este papel a excelente *História do Marxismo*, organizada por Eric J. Hobsbawm, cujos primeiros volumes estão sendo publicados desde 1979 (Editora Paz e Terra, Rio de Janeiro). Uma importante análise histórico-crítica de parte da tradição marxista contemporânea, que reclama leitura atenta (embora supondo já um público minimamente informado), é a que Perry Anderson realizou nas suas sucintas *Considerações sobre o Marxismo Ocidental* (Editora Afrontamento, Porto, s/d) e no ensaio *A Crise da Crise do Marxismo* (Editora Brasiliense, São Paulo, 1984).

Para o leitor iniciante, há uma infindável bibliografia que fornece preciosas indicações quer sobre o pensamento de Marx, quer sobre os principais elementos da tradição marxista. É impossível registrá-la aqui, mas valem as seguintes sugestões: H. Lefebvre, *O Marxismo* (Difel, São Paulo, 1979) e *Para Compreender o Pensamento de Karl Marx* (Edições 70, Lisboa, 1981); E. Fischer/F. Marek, *O Que Marx Realmente Disse* (Editora Civilização Brasileira, Rio de Janeiro, 1970). E nesta coleção *Primeiros Passos* há toda uma série de títulos que, sob óticas diferenciadas, tematizam importantes e específicas questões da tradição marxista (veja, neste volume, a lista dos livros já publicados).

O leitor que pretender uma visão sumária do marxismo desenvolvido pela Segunda Internacional deve recorrer (além do "clássico" de Engels, *Anti-Duhring*, já citado) aos quatro primeiros artigos — "Karl Marx, "Friedrich Engels", "As três fontes e as três partes constitutivas do marxismo", "Marxismo e revisionismo" — do primeiro volume das *Obras Escolhidas* de Lênin (Editora Avante/Editorial Progresso, Lisboa/Moscou, 1978). No mesmo sentido, recomenda-se, de Kautsky, *As Três Fontes do Marxismo* (Textos Marginais, Porto, 1975). Trata-se de um conjunto de textos de fácil leitura.

Para o conhecimento do marxismo-leninismo — afora os divulgados manuais de G. Politzer e, mais recentemente,

de Marta Harnecker, todos de simples digestão —, o recurso
deve ser à sua versão enciclopédica: o enorme compêndio,
redigido sob a direção do acadêmico soviético O. V. Kuuci-
nen, *Fundamentos do Marxismo-Leninismo* (Editorial
Vitória, Rio de Janeiro, 1962).

Elementos críticos em face dessa dogmática, elaborados
com angulações muito diferentes, mas supondo razoável
informação, o leitor encontra em: R. Garaudy, *O Marxismo
do Século XX* (Editora Paz e Terra, Rio de Janeiro, 1967);
I. Fetscher, *Marx e os Marxismos* (*idem*); H. Lefebvre,
Problemas Atuais do Marxismo (Editora Fronteira, Lisboa,
1977); L. Colletti, *Ultrapassando o Marxismo* (Editora
Forense, Rio de Janeiro, 1983.

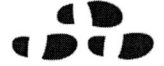

Sobre o Autor

Foto: Ângelo José Perosa

A *primeiros Passos* pede ficha e retrato do autor. Não tenho culpa: só posso encurtar a primeira, e aí vai ela.

Nasci nas Minas Gerais (Juiz de Fora), no remoto 1947. Freqüentando ótimas escolas de burguesia, foi inevitável que eu escolhesse companhias melhores, e deu no que deu; entre outras coisas, forçaram-me (não as companhias, é claro) a um turismo no exterior.

A ortodoxia de gabinete foi destroçada pela vida: as minhas verdades de bolso não suportaram o exílio. Mineiramente desconfiado da teoria necessária e da política compulsória e contingente entre as quais me divido, só tenho conseguido, ao longo do tempo, ser fiel à minha convicção de que o verdadeiro problema, o mais central de todos, se coloca na alternativa entre o comunismo e a barbárie. O resto é decorrência. No mais, cometi ensaios e livros (pela Brasiliense, este é o quarto), traduzi gente fina (Marx, Engels, Lênin, Lukás) e lecionei (na Europa, América Central e na PUC-SP). Fui editorialista do seminário *Voz da Unidade*.

Nestes mais de 37 anos, com o bonde de Drummond, perdi muita coisa - menos a esperança, que o pessimismo torna imperativa. Por isso, continuo resistindo e apostando. Com paixão.

ABORTO

AÇÃO CULTURAL

ACUPUNTURA

ADMINISTRAÇÃO

ADOLESCÊNCIA

AGRICULTURA SUSTENTÁVEL

ALCOOLISMO

ALIENAÇÃO

ALQUIMIA

ANARQUISMO

ANGÚSTIA

APARTAÇÃO

APOCALIPSE

ARQUITETURA

ARTE

ASSENTAMENTOS RURAIS

ASTROLOGIA

ASTRONOMIA

BELEZA

BIBLIOTECA

BIOÉTICA

BRINQUEDO

BUDISMO

BUROCRACIA

CAPITAL

CAPITAL FICTÍCIO

CAPITAL INTERNACIONAL

CAPITALISMO

CIDADANIA

CIDADE

CINEMA

COMPUTADOR

COMUNICAÇÃO

COMUNICAÇÃO EMPRESARIAL

CONTO

CONTRACEPÇÃO

COOPERATIVISMO

CORPOLATRIA

CULTURA

CULTURA POPULAR

DARWINISMO

DEFESA DO CONSUMIDOR

DEFICIÊNCIA

DEMOCRACIA

DEPRESSÃO

DESIGN

DIALÉTICA

DIPLOMACIA

DIREITO

DIREITOS DA PESSOA

DIREITOS HUMANOS

DIREITOS HUMANOS DA
    MULHER

DRAMATURGIA

ECOLOGIA

EDUCAÇÃO

EDUCAÇÃO AMBIENTAL

EDUCAÇÃO FÍSICA

EDUCACIONISMO

EMPRESA

ENFERMAGEM

ENOLOGIA

NAZISMO
NEGRITUDE
NEUROSE
NORDESTE BRASILEIRO
OLIMPISMO
PARTICIPAÇÃO
PARTICIPAÇÃO POLÍTICA
PATRIMÔNIO CULTURAL
  IMATERIAL
PATRIMÔNIO HISTÓRICO
PEDAGOGIA
PESSOAS DEFICIENTES
PODER
PODER LOCAL
POLÍTICA
POLÍTICA SOCIAL
POLUIÇÃO QUÍMICA
PÓS-MODERNO
POSITIVISMO
PRAGMATISMO
PSICOLOGIA
PSICOLOGIA SOCIAL
PSICOTERAPIA
PSICOTERAPIA DE FAMÍLIA
PSIQUIATRIA FORENSE
PUNK
QUESTÃO AGRÁRIA
QUÍMICA
RACISMO
REALIDADE
RECURSOS HUMANOS

RELAÇÕES INTERNACIONAIS
REVOLUÇÃO
ROBÓTICA
SEGURANÇA DO TRABALHO
SEMIÓTICA
SERVIÇO SOCIAL
SOCIOLOGIA
SOCIOLOGIA DO ESPORTE
SUBDESENVOLVIMENTO
TARÔ
TAYLORISMO
TEATRO
TELENOVELA
TEORIA
TOXICOMANIA
TRABALHO
TRABALHO INFANTIL
TRADUÇÃO
TRÂNSITO
TRANSEXUALIDADE
TROTSKISMO
UNIVERSIDADE
URBANISMO
VELHICE
VEREADOR
VIOLÊNCIA
VIOLÊNCIA CONTRA A
MULHER
VIOLÊNCIA URBANA
XADREZ